*A Monsieur*

A. DE CHATEAUBRIANT.

IMPRIMERIE DE CARPENTIER-MÉRICOURT,
rue Trainée, n. 15, près S.-Eustache.

# A Monsieur

# A. DE CHATEAUBRIANT,

## G. DESJARDINS,

RÉDACTEUR EN CHEF DU

# Tribun du Peuple.

La force des Peuples est bien moins révolutionnaire
que l'indignité des Princes.



PARIS,

CHEZ LES MARCHANDS DE NOUVEAUTÉS.

1831.

A Monsieur

# A. DE CHATEAUBRIANT.

Je n'examine point ici, Monsieur, comme on l'a fait avant moi, en répondant à votre dernière brochure, si vous avez troublé le monde politique, à propos d'une grande préface à lancer avec éclat dans le monde littéraire, ou mis sous les armes la république des lettres à propos d'une petite espérance politique à ranimer contre les peuples.

Je n'examine pas davantage, si l'ancien représentant de la France au Congrès de la Sainte-Alliance, se vante de la bienveillante estime d'Alexandre Ier, l'œil attaché sur le nouvel autocrate des Russies, et comme *l'homme de la restauration possible*. Mais je m'explique facilement cette estime.

Et Napoléon aussi, dans des vues ultérieures et toutes favorables au succès de ses armes, caressa aux regards de l'Europe, les talens militaires du général Wurmser à la reddition de Mantoue. Il tâchait d'inspirer à l'Autriche l'idée de replacer ce général, dont l'ennemi faisait tant d'estime, à la tête des armées. Les habiles aiment à voir les médiocres se reproduire sur le théâtre de leurs défaites, ils sont sûrs d'en avoir bon marché.

Ce que vous dites du gouvernement actuel et de ceux qui s'y sont ralliés, je l'adopte, vous êtes dans le vrai. Mais vos perpétuelles déclamations contre la révolution, je les repousse; vous êtes dans le faux; mais je nie en vous les qualités qui font l'homme d'état et les capacités du grand citoyen. Vos maximes politiques, vos vues transcendantes, ne sont, au fond, que poésie, critique, ou brillans phosphores d'une riche imagination. Votre plume est un sceptre, il est vrai, mais dans l'empire des lettres. Dans le champ de l'actualité politique, la nature vous a refusé la royauté de la pensée, ou vos préjugés de naissance en ont étouffé les germes.

Et, sans remonter plus haut, dans votre dernier opuscule, intitulé *de la Restauration et de la Monarchie élective*, c'est un désordre, une confusion, un renversement de principes, dont on ne se fait pas l'idée; c'est l'état politique de la société pris au rebours.

« L'élection est un droit naturel, primitif, incon-
» testable, à entendre M. de Chateaubriant; mais
» l'élection est de l'enfance de la société. »

Comme si les États les plus parfaits n'étaient pas toujours ceux où la force matérielle se trouve unie à la force politique, dans la totalité des citoyens; comme si ce n'étaient pas ces sortes d'États qui pratiquent ordinairement l'élection des magistrats temporaires; comme si l'esprit humain avait découvert dans les combinaisons sociales, quelque chose de plus achevé, de plus approprié aux besoins et à la dignité de tous, que la république.

A l'en croire, *le vieux*, *la vieille école politique*, *les principes surannés*, ce sont ceux de la Souveraineté du Peuple, appliqués pour la première fois au système politique de la France, par la Constituante, il y a quelque quarante ans, et qui ont ouvert une ère nouvelle à l'Europe avec notre Mirabeau.

*Le jeune*, ce sont les belles lois du servage et de la féodalité, en marche depuis Pharamond jusqu'à Louis XV, et passant à travers toutes les toiles d'araignées qui tapissaient les têtes royales des tombeaux de Saint-Denis, pour arriver toutes fraîches aux Français de 1831 et au cerveau de *Henri de Béarn*. Comme si une dynastie vindicative et stationnaire, séparée d'un peuple généreux et éclairé par le vide de cent ignorances, et l'abîme de cent cruautés, pouvait jamais être jeune, stable et de l'époque : « Les grandes crises » politiques ont leur règle dans les lois générales de la » nature.

» La force des peuples est bien moins révolutionnaire » que l'indignité des princes (1). »

(1) Voyez Reboul (Henri), *De la Révolution de* 1830. Brochure in-8°, encore peu connue peut-être du public, mais qui renferme dans une seule page, plus de maximes d'homme d'état, plus de vérités et de lumières politiques sur nos affaires, que tout l'opuscule de M. Châteaubriant.

*Le respectable, le considérable, le vénérable*, à en croire M. de Châteaubriant, c'est un marmot qui épelle son *a*, *b*, *c*, sous la férule d'un jésuite, en attendant qu'il puisse apprendre son *Télémaque*, sous l'homme du merveilleux et de la poésie, le Mentor des éducations constitutionnelles.

*L'humble, le dépendant, le minime, le servile*, plusieurs millions de citoyens adultes, qui se sont enfoncés dans toutes les connaissances humaines, et rendus propres à l'exploitation de toutes les grandeurs, afin d'apprendre à dire à l'enfant du miracle: Votre Majesté!... Monarque!... comme au vieux Priam, père de cinquante rois et reines, et tout cassé des travaux d'une guerre immortelle, disaient les courtisans du trône de Pergame et les chévriers du mont Ida.

*Le fort*, c'est une dynastie, tombant d'abord au premier pas d'un noble exilé qui touche à 200 lieues le sol de la patrie; et qui tombe de rechef le jour même où le fusil du simple homme du peuple demande, aux barricades, sa revanche sur le canon du puissant monarque.

*La souveraineté*, c'est la légitimité, la tête creuse d'un roi.

*La paternité nationale*, les entrailles d'un Bourbon, vides de l'amour du pays; un bras qui ne sait porter ni le sceptre, ni l'épée; une vie sans dévouement, un sang qui circule dans un cœur sans battement, et ne sait pas se répandre pour tous, comme l'artère du pélican. Sautez de Naples à Madrid, de

Madrid à Paris, vous trouverez partout cette race royale constamment la même.

Le noble écrivain croit à notre dégoût de la liberté : « Nous nous faisons illusion, dit-il, nous croyons de » bonne foi que la liberté est notre idole ; erreur. »

Comme si en France, il y avait une liberté, une nation. Il y a en France les élémens d'une nation, il n'y a point de nation : rien n'y a encore établi le droit de cité. A moins que l'on n'appelle de ce nom, ce petit cercle d'électeurs en dehors duquel on laisse presque toute la force politique de la famille française.... et les tempêtes... qui assailliront un jour la tourelle qui usurpe impudemment la place des fortes murailles de la cité.

« L'égalité et la gloire sont les deux passions vitales » de la patrie, poursuit M. de Châteaubriant, notre » génie, c'est le génie militaire ; la France est un » soldat. »

Oui, la France est un soldat ! crierais-je de toutes mes forces à l'étranger ; car j'aime à jeter les mots homériques de dix pieds à la tête de l'ennemi. Mais la France actuelle est une Olygarchie, dirais-je en baissant la voix et en couvrant la rougeur de mon front de citoyen ; la chose de quelques-uns, et non la chose de tous ! (*Res publica*), car j'aime également à enfoncer dans le cœur des hommes qui me sont chers, les vérités d'une grande étendue. La société n'est point, ou ne s'est point encore montrée souveraine en France depuis la restauration. Le triomphe de juillet est resté une *conspiration* et non une *révolution*, car il n'a déplacé que les hommes et non les choses.

« Je ne crois point au droit divin, mais je ne crois » pas davantage à la souveraineté du peuple, pour-» suivez-vous. »

Je ne crois pas plus que vous, Monsieur, au droit divin, parce que je crois à un ordre primitif, aux lois invariables de l'existence de la création. Je ne me mets point à genoux, comme les néophytes de la *Gazette de France*, ou les cathécumènes de l'*Avenir*, devant une providence bâtisseuse et débâtisseuse d'édifices politiques, parce que j'ai foi au bec de l'hirondelle, en la main de l'abeille, en la queue du castor, ces architectes habiles de toute éternité à bâtir des nids, des ruches et des maisons de cire ou de boue.

Mais au moins je suis conséquent avec moi-même : je crois consciencieusement à la Souveraineté du Peuple. Car du moment que je laisse remonter vers un Dieu très-haut et des cieux sans bornes, l'anneau du Droit divin, auquel tous les rois gothiques attachent la longue chaîne de leurs prétentions despotiques, je prends pied sur terre ; et le pouvoir monarchique à mes yeux n'est plus alors qu'un pouvoir d'émanation, de délégation, de représentation, d'utilité générale. Et d'où le prince tiendrait-il ses droits de royauté? de sa qualité d'homme? mais les autres sont hommes comme lui, et un homme n'est pas un gouvernement à lui tout seul. Otez à la royauté la Majesté du Peuple qu'elle représente, et elle n'est plus que néant, usurpation ou crime.

M. de Châteaubriant a toujours lu la grande Charte de l'humanité, sous quelques caractères gothiques qui se détachent en relief pour l'œil prévenu du gentilhomme, et offusquent sans cesse la pensée du publiciste populaire à contre cœur. C'est un homme constamment emprisonné dans une église ou un manoir du moyen âge, qui contemple à travers les vitraux bariolés de mille couleurs, l'abîme et la majesté des cieux. La Souveraineté du Peuple est trop profonde pour que l'homme d'état en tire les réalités de la vie politique; il y croit toujours voir la céleste milice ou les figures fantastiques, de paladins peintes sur les vitraux.

Dans une guerre à outrance, le noble écrivain croit de bonne foi en finir avec l'ancienne République française relevée en partie aux barricades de juillet, avec tout ce qu'elle a de noblesse et de magnanité, et lui donner le coup de grâce. Ecoutons-le :

« Nous remettrons-nous entre les mains de ces » vétérans révolutionnaires, de ces invalides coupe-» têtes de 1793, qui ne trouvent rien de si beau que » les batailles de la guillotine, que les victoires rem-» portées par le bourreau sur les jeunes filles de » Verdun et sur le vieillard Malesherbes? Qui croient » qu'on se laisserait trancher le col aussi bénigne-» ment qu'autrefois? qu'il serait possible de rétablir » le meurtre légal et le superbe règne de la terreur,

» le tout pour jeter ensuite la France échevelée et
» saignante sous le sabre d'un Buonaparte au petit
» pied, avec accompagnement de baillons, menottes,
» autres menus fers, et parodie impériale? »

Voilà pour la déclamation et les doléances de la contre-révolution, voici maintenant pour les faits et la raison d'État.

Pour bien juger 93, il faut voir les baïonnettes de l'Europe, tournées à la frontière contre notre existence nationale; nos armées en retraite, trahies, battues ou enveloppées, abandonnant les siéges des places fortes, ou repassant les fleuves franchis d'abord par la victoire. Il faut entendre le canon d'alarme retentissant de loin en loin, les toscins de détresse, les voix des populations armées, criant sur toute la face de l'Empire pendant une longue année: Sauvez-nous, sauvez le Peuple, sauvez nos enfans, tandis que nous allons mourir à la frontière.

Il faut voir partout le péril et la mort, mais aussi le courage et l'abnégation de soi-même partout. Une nation constituée en insurrection; une nation délibérant sur la place publique de la résistance et du vide des lois, et voulant avant tout le salut du pays ou la mort: Curtius courant de partout au gouffre, pour le combler; une âme enthousiaste et guerrière, montée à tous les tons de l'héroïsme, au diapason de la lyre et du canon; une nation parlant la langue des hymnes, et respirant les souffles brûlans de la foudre moderne; une nation rendant sur le trépied de la place publique les oracles de ses triomphes futurs, et les sanglans arrêts de la défaite de ses ennemis.

Pour comprendre la situation de 93, au lieu de dangers, de noms de généraux et d'armées ennemies, dont le souvenir est déjà loin de nous, représentez-vous au dehors de la France actuelle, un cercle de désastres, au dedans, le cœur gâté; nos armées de 1831 écrasées par le nombre, Diébitsch victorieux sur le Rhin; les Prussiens victorieux dans les Ardennes et à six marches de Paris; Frimont, victorieux dans le Lyonnais, à cheval sur la Saône et le Rhône à l'intérieur, le parti de la contre-révolution et de l'étranger prêt à combattre, ou même combattant déjà.

Dans toutes les sortes de gouvernemens, où il y a *Patrie en danger*, il y a toujours *Dictature*, la grande pensée du salut public, qui ne fait des nerfs de tous les citoyens, qu'un seul bras, un seul corps, une seule parole audacieuse: « Eh! que m'importe ma réputation! » cria 93 aux années, aux siècles qui devaient lui succéder; « que la France soit libre, et que mon nom soit flétri! » Comme aux 28 et 29 juillet, l'héroïque capitale, investie de la dictature du dévouement, au milieu de ses immortelles barricades, s'écriait: « Périsse Paris tout entier, pourvu que la France soit affranchie! » Deux paroles, deux grandeurs, avec des physionomies différentes, qui dépassent tout ce que l'antiquité nous a montré de plus élevé, tout ce que l'avenir peut-être enfantera de plus héroïque: 93 et 28 juillet!

C'était une réponse terrible, il est vrai, mais du

moins c'était une réponse en 93, que ces cris de détresse de l'ennemi de l'intérieur, à chaque menace d'asservissement prononcé par l'ennemi de la frontière. Que cette chûte de têtes, partisantes de l'étranger, à chaque succès de l'étranger. Que cette sanglante balance du salut de la patrie, dont les deux plateaux cherchaient et reprenaient souvent à 100 lieues de distance l'un de l'autre, leur effrayant equilibre. Que ces agonies sublimes du dévouement national, comptées sur le champ de bataille, pour être égalées sur la planche de l'échafaud par les convulsions de têtes hideuses de trahison. Que cette étreinte formidable du pouvoir dictatorial, qui resserrait et rendait plus compact le faisceau national, à mesure qu'il perdait du terrein au-dehors; car ne nous y trompons pas, la France, pour se sauver, avait besoin de se mouvoir tout d'une pièce.

Les défenseurs du sol français, ne voulaient pas être pris à revers et entendre derrière eux battre des mains, comme feraient aujourd'hui quelques-uns de vos Carlistes à chaque *en avant!* des envahisseurs et démembreurs de la patrie. Et comment au jour des dangers de tous, la main de la Patrie n'aurait-elle pas été forte et terrible, quand vingt-huit millions de bras en pressaient le ressort. Et je ne sais point au reste ce qu'on pourrait tirer d'avantageux au parti carliste, de la comparaison entre la perte de trois millions d'hommes que la lutte soutenue contre la légitimité a coûté à la France, et quelques milliers de sourds ou dangereux conspirateurs, que les nécessités du salut public ont pu faire sacrifier.

C'était une calamité, une affreuse calamité! nous en convenons. Mais en 93, la France était un camp. C'était une verge de fer jetée sur tous les chemins de la guerre et des révoltes. C'était la dictature du champ de bataille transportée dans les lois de la Cité; une loi au-dessus des lois, pour éviter de plus grands malheurs : la défection et l'indiscipline politique qui perdent les États. Quelquefois une place de guerre, refusant de capituler, est passée par les armes afin d'épargner à l'armée nationale une suite de siéges douteux et sanglans; plusieurs grands capitaines l'ont fait sans que leur nom en soit flétri. Le salut du pays avant tout.

Les lois des révolutions, sont comme celles de la guerre, contre nature; et bien que l'expression n'en soit pas arrêtée, comme l'est celle du code militaire, tout s'y passe en conséquence. Vérité effrayante, et pourtant vérité irréfragable : l'épouvante fait plus de la moitié du génie de la guerre, la terreur plus de la moitié du génie des révolutions. C'est le boulet impitoyable qui brise sous le poids de l'armée russe, la glace du lac d'Austerlitz qui sépare cette armée de la mort; c'est la mer d'Aboukir, qui ensevelit sous la mitraille effrenée de victoire, d'innombrables turbans de Janissaires : demandez aux Ottomans de 99, aux Russes de 1805 aux Carlistes des barricades de 1830, s'ils se sentaient résolus à rentrer en campagne contre la France, immédiatement après leur défaite.

Cette implacable Convention, ce régime de fer, était de son époque, forgé par elle et pour elle, et il n'y aurait eu rien de mieux alors à mettre à la place. Non que je prétende justifier tous les faits, tous les malheurs d'alors, pas plus que toutes les balles, tous les actes de cruauté qui consomment une victoire, et vont frapper souvent dans les rangs, les soldats les plus pacifiques d'intention et les moins hostiles à l'ennemi. Mais en tout, c'est la pensée générale qu'il faut considérer.

A la venue de ces grandes crises nationales, l'âme est en révolte contre la chair. Quelque chose d'étrangement, de *criminellement* sublime si vous voulez, se passe dans l'homme. On pense avec la pensée de plusieurs millions d'hommes, on s'exalte avec les passions des masses, on s'agite du mouvement d'un peuple, on grandit de tous les dangers d'une nation : c'est l'âme de Brutus qui s'élève, s'étend et se multiplie dans quelques corps pour tous les sacrifices. L'âme collective de la société, la patrie seule peut comprendre et contenir ces formidables colosses à leur apparition, le cœur étroit de l'homme ne saurait leur donner place. Et il ne faut pas moins que la somme d'intelligence et l'instinct de salut d'une nation, pour adresser, ainsi ensanglantée et sauvée, des actions de grâces à la hache dictatoriale qui ensanglante et qui sauve.

Et Napoléon, tout Napoléon qu'il était, resta fort au-dessous de cette mission du salut public, qu'il avait usurpée sur la nation. Tant il est vrai que la dictature, dans un grand Empire, excède la mesure des forces d'un seul homme. En dédaignant les bras du Peuple, et abdiquant deux fois la dictature pour son propre compte, il eut l'orgueilleuse pensée que le tombeau d'un seul homme pouvait couvrir et empêcher d'entrevoir le tombeau de la patrie. Il s'agit bien d'un homme, quand 30 millions de citoyens s'écroulent sous la défaite d'un seul! Le rôle de la Convention en 93 fut celui d'un homme, le rôle de Napoléon en 1814 et 1815, celui d'une pécore. Son génie avait reçu des bornes, colosse sur le champ de bataille, il était nain sur la place publique. Les reins de ce géant, qui n'avait de dévouement qu'à son nom, se relâchaient toutes les fois qu'il s'agissait de manier la véritable force des Empires, les masses du Peuple. Ou si parfois il en eut le désir, César n'osa revenir au personnage de Marius.

Ce langage est sévère, rigoureux, mais il est vrai: c'est de l'histoire.

Continuons avec le noble écrivain qui croit étouffer la révolution dans ses bras: « En parcourant des yeux, » dit-il, l'espace qui sépare la tour du Temple du » château d'Édimbourg, je trouverais sans doute autant de calamités entassées, qu'il y a de siècles accumulés sur une noble race. Une femme de douleur » a surtout été chargée du fardeau le plus lourd, » comme la plus forte: il n'y a cœur qui ne se brise » à son souvenir; ses souffrances sont montées si haut, » qu'elles sont devenues une des grandeurs de la » France. »

Et en écoutant tous les cris d'angoisse qui se

répondent et font écho, du canon de la Bastille de 89 au canon des barricades de 1830, nous rencontrerions plus de calamités accumulées au nom de la légitimité sur une terre d'indépendance et de liberté, qu'il n'y a eu de sensibilité dans les entrailles des mères, de larmes stoïques dans les yeux des pères, de généreux élans dans le cœur des fils, défenseurs nés de la patrie, pour suffire à tant de douleurs, d'abnégation et de travaux.

Toutes les douleurs ont leur noblesse et éveillent des sympathies. On peut bien trouver quelques sources de larmes, dans la tête pleine d'étonnement et de stupeur d'une fille infortunée de Roi, trois fois violemment séparée du trône paternel où elle aspirait à monter, et trouver pour exprimer ces royales douleurs, trois sillons dans les joues du masque sévère de la Tragédie antique.

Mais l'Épopée, cette muse de la douleur de tous les hommes, où trouvera-t-elle des torrens de larmes assez impétueux, des flots d'indignation assez larges, pour exprimer les tortures de la France? La France, cette Niobé entre les nations, dont le sein a été impitoyablement déchiré par les ongles de fer de vingt familles de Rois; chaque fibre cruellement tenaillée par des armées furieuses d'esclavage; chaque veine épuisée de sang par des batailles sans nombre; chaque lobe du cerveau, envahi par le vertige, chaque cheveu de la tête, gagné par la blancheur prématurée de la vieillesse.

Et tout cela, au nom, dans l'intérêt et sous la main

d'une seule famille, qui, depuis huit siècles ose se dire française! Il n'y a cœur qui ne bondisse, bras qui ne se tende, épée française qui ne flamboie, à ce nom de Bourbon tout dégoutant de meurtre et des sueurs de l'agonie de trois millions de Français; à ces deux syllabes de sang et de boue, données pendant quarante ans pour mot d'ordre à la frontière comme à l'intérieur, et qui menacent encore la France de *la guillotine des batailles* et du *bourreau* des victoires de la légitimité.

Gardien larmoyant de toutes les ampoules du Sacre des Rois, estimateur profond de tous les soupirs de la crèche, de toutes les gouttes d'eau que contiennent la tête des reines, de toutes les amertumes de la Mer-Morte, mieux qu'un autre, vous auriez pu nous dire, au nom de l'égalité qui engendre tous les hommes, et du Sacre, dont il est temps enfin qu'on oigne le front souverain des Peuples, combien de larmes ont coulé depuis quarante ans du cœur de la France, combien de flots d'amères douleurs sont renfermés dans l'abîme de ses entrailles. Mais, homme de vanité, vous ne vous occupez que des clinquans de la couronne et des oripeaux de la royauté. La nation n'est rien pour vous.

La nation? M. de Chateaubriant ne se souvient d'elle que pour l'accuser.

Représentant naïf des regrets de la dynastie déchue, il reproche ingratement au peuple français, d'aller trop vîte et trop loin : « Ceux même qui ont com- » mencé le mouvement, le voulaient-ils aussi complet,

» dit-il! Chaque peuple a son défaut : celui du peuple français est d'aller trop vite, de traverser tout, de se trouver de l'autre côté du bien, au lieu de se fixer dans ce bien, lorsqu'il le rencontre. Au moral comme au physique, nous nous portons sans cesse au-delà du but ; nous foulons aux pieds les idées, comme nous passons sur le ventre des ennemis : nos conquêtes auraient dû s'arrêter au Rhin, et nous avons couru à Moscou, et nous voulions courir aux Indes. »

Je n'examine point ici, si l'on pouvait vaincre l'Angleterre et la Russie autrement qu'en les allant chercher chez elles ou en les frappant au cœur de leur puissance ; mais je soutiens qu'au lieu de dépasser le but, la France au contraire a souvent la malheureuse faiblesse de s'arrêter dans le travail de sa grandeur : écoutez les clameurs de la Belgique et de la Pologne; prêtez l'oreille aux angoisses de l'Italie, oyez les espérances d'Holy-rood, commentez les libertés de la nouvelle charte de 1830, et jugez si nous sommes en deçà ou au delà de nos légitimes espérances de juillet. Que M. de Châteaubriant nous dise, si pour en finir comme on en finit avec des ennemis acharnés, la France a eu en juillet un intrépide Murat, qui ait voulu passer à franc étrier sur le ventre de la royauté absolue, et après lui avoir coupé toute retraite, l'ait placée entre la mer et le canon d'Aboukir? Ingratitude! épouvantable ingratitude que ces reproches d'Holy-Rood, qui s'exhalent dans les soupirs de M. de Chateaubriant!

« Sans préjugés d'aucune sorte, dit encore le noble

» écrivain, c'est pour mon pays que je déplore une » subversion trop rapide. *J'aurais désiré qu'on se fût » arrêté à l'innocence et au malheur. La barrière était » belle*; l'étendard de la liberté y aurait flotté avec » moins de chances de tempêtes, et tous les intérêts » s'y seraient ralliés. La jeunesse aurait été appelée » naturellement à prendre possession d'une ère qui » lui appartenait. On franchissait deux degrés; on » se délivrait de vingt-cinq à trente ans de caducité; » on avait *un enfant* qu'on eût élevé dans les idées du » temps, façonné aux opinions et aux besoins de la » patrie. On aurait fait tous les changemens que l'on » aurait voulu à la Charte et aux lois. Ajoutez de la » gloire, ce qui était facile, à cette entrée de règne, » au milieu de la plus abondante liberté, et vous » auriez fait de ce règne une des grandes époques de » nos fastes.

» Que cette admirable portion de la France (la » jeunesse), n'abuse pas de sa force! Qu'elle se garde » d'ébranler les colonnes du temple! On peut abattre » sur soi l'avenir; et plus d'une fois les Français se » sont ensevelis dans les ruines qu'ils ont faites. »

Comme on peut le voir, les profondeurs politiques du noble écrivain, sont des surfaces historiques; ses raisons d'état, toute la galanterie d'une vieille fidélité; ses espérances et ses arrangemens du futur, un petit roman plein de sentiment, qui a toutes les grâces de l'enfance, la fraîcheur et les illusions du printemps de la vie, et qui porte déjà son titre:

HENRI DE BÉARN!!!

Rapprochement heureux! Nom magique et séduisant pour toutes les imaginations éprises des candeurs de la royauté! Nom sonore, étourdissant de promesses et d'avenir comme celui d'Henri IV, sa racine et sa souche; et qui n'attend sans doute, comme celui du bon aïeul, pour se rendre supportable, que la distribution d'une somme de 80 millions (valeur équivalant à 200 millions d'aujourd'hui) qui fasse taire les mécontentemens de la France. Qui n'attend qu'un poëte comme Voltaire, qui, pour accrocher ses guenilles philosophiques et poétiques à quelques royales épaules, fasse parler les trompettes de l'Epopée, de la grandeur d'un petit roi protestant, qui ne se doutait guère de son vivant, qu'il deviendrait un jour le type des rois populaires.

Car il est bon que l'on sache, que c'est de Voltaire seulement que date cet échafaudage de grandeur et de popularité, qui soutient aujourd'hui le nom d'Henri IV: véritable bulle de savon gonflée du souffle de la poésie, que la famille intéressée, comme on le pense bien, travailla de toute son haleine à faire devenir ballon. M. de Châteaubriant qui écrit l'histoire de France, aurait pu nous révéler cela. Quand on va jusqu'à la calomnie contre les peuples, on devrait au moins pousser le courage jusqu'à la vérité sur les rois.

Partons de l'histoire et non du roman. C'est un fait aujourd'hui incontestable, que deux principes irréconciliables, la Souveraineté du Peuple et le Droit divin, sont en lutte sur toute la face de l'Europe. Pensez-vous de bonne foi, M. de Chateaubriant, que plus de quatre-vingt millions de populations européennes déjà ébranlées au nom du droit commun, se rassoient sur le principe du droit divin? Oui, quand il servira de marche-pied à la Souveraineté du Peuple.

La jeunesse française ne veut point abattre sur soi les colonnes du temple de l'avenir; elle se sent au contraire les épaules assez fortes pour en exhausser les combles jusqu'à la plus noble indépendance et la liberté la plus illimitée. Elle demande à l'intérieur, que le culte de l'homme soit remplacé par le culte de la loi; qu'où tombent les rois absolus, les peuples s'élèvent.

La jeunesse française veut le pays un, le pays grand, le pays libre; elle le veut guéri de l'amour du lucre dans ses fonctions civiques, exempt d'esprit de conquêtes dans ses fonctions guerrières et d'affranchissement: et les lois municipales et électorales, et les champs de bataille de l'Europe ne sont pas trop larges, comme vous le voyez, pour le développement d'une pareille pensée.

La jeunesse belliqueuse, pensante et mûre pour ses destinées, voit bien plus distinctement que vous ne semblez le voir, M. de Chateaubriand, ce qu'au dehors on aura d'entreprises généreuses à pousser à terme.

On aura les peuples alliés à manier, à rapprocher de nous selon leurs intérêts et leur génie; les nations ignorantes, brutales et hostiles à la liberté, à lancer comme des balles hors du champ où la civilisation se développe.

On aura à faire éclater de ces mots qui parlent à tous les courages, soulèvent toutes les sympaties, renversent toutes les résistances ; à parler la langue de Milan, la langue de Varsovie, celle de Bruxelles, celle de Berne, la langue de la confédération germanique. Il faudra peut-être répondre sur les bords du Danube et du Volga, par des cris d'indépendance et de liberté, aux hurlemens d'esclavage et d'asservissement, poussés sur les rives du Rhin, de la Seine et du Pô. A répondre aux pas désastreux du géant du Nord dans les terres de l'ouest de l'Europe, par les morsures de l'aucre français, sur les rivages de la Baltique et de la mer Noire. Il faudra, s'il n'est plus d'autre moyen possible de salut pour la liberté européenne, illuminer les ténèbres de l'Autriche et de la Russie, avec les éclairs de la tempête, et labourer le sol des empires ennemis avec le soc des révolutions.

Il faudra planter sur les bords de la Duyna, comme des forêts impénétrables au souffle de l'Esclavage, des milliers de faits héroïques, et hérisser les rives du Nieper, des principes inexpugnables de la Liberté européenne.

Il faudra pour gagner, ravir et enlever les peuples, toucher à la fois, des deux mains, les extrémités opposées de l'Europe, et les deux pôles de l'esprit humain, l'Esclavage et la Liberté, Saint-Pétersbourg et Paris; soulever le monde entier en s'adressant à ses intérêts, et exercer la Royauté du génie.

Je vous demande après cela, M. de Châteaubriant, si votre royal bambin de trois pieds et demi, et d'intelligence bourbonnienne, est de taille à soutenir le faix d'une telle France, d'une telle Europe! Est propre à se faire l'axe sur lequel tourneront de si grands intérêts.

Les peuples n'ont aujourd'hui ni le temps, ni la patience de jouer au grand-papa, avec des régences d'enfant et des ambitieux. Il leur faut autre chose que de petits prodiges d'espérance et d'amour.

La forte table en effet pour asseoir un grand peuple, que *l'innocence et le malheur!* Le bel étendard vraiment pour mener des nations sans foi dans les légitimités, contre des nations sans pitié pour les libertés. La puissante barrière à opposer au débordement des serfs de l'Europe et des esclaves de l'Asie, que tous ces jolis mots du cœur et cette parade du sentiment. Laissez ces pleurs, ces espérances de femme, à une mère, à une veuve, qui a bien le droit de se dire inconsolable; mais parlez-nous, vous, homme, le langage d'un homme, et surtout d'un homme d'état, c'est-à-dire, avec des axiômes de tête et de forte tête, avec des souffles inspirés et sublimes.

Ce n'est pas le génie des ruines qui prend les bases de son œuvre dans une larme, et élève son édifice sur un souvenir, que l'on demande aujourd'hui, mais le génie qui fait les monumens durables, mais le grand architecte qui bâtit sa pyramide par la base, en en prenant les fondemens dans la souveraineté du peuple, et non pas par le sommet, en la renversant et l'appuyant sur une tête fragile de roi, comme vous vous efforcez de le faire.

« On remarque, dit M. de Châteaubriant, quel- » que chose d'usé dans notre pays parmi les hommes » ; dites : on se sert de quelque chose d'usé. Ce n'est pas la jeunesse qui cesse d'arriver, ce rouage perpétuel a le mouvement ascendant ; c'est la vieillesse qui se détache du tronc et rétrograde ; et parce que ses veines se rétrécissent et se glacent, qui prétend empêcher le sang et la vie de monter dans les rameaux du corps politique.

Nobles vieillards, laissez descendre votre expérience et vos conseils sur la tête des jeunes hommes ; mais souffrez que le mâle courage et les robustes épaules de vos fils, vous emportent, et vous dérobent aux flammes de Troie.

Il n'y a qu'une voix dans nos rangs, qu'un cri à l'étranger, pour protester contre ce qui se fait en France par vos mains.

C'est cette voix que nous nous proposions de vous faire entendre, il y a peu de jours, dans un banquet patriotique, où quelques jeunes hommes, quelques-unes des mille espérances de la patrie, se trouvaient rassemblés, et où vous avez refusé d'assister, mus par d'égoïstes intérêts.

Contrarié par la courte apparition de quelques députés patriotes, blessé comme tous nos amis par l'absence des autres, nous avons beaucoup abrégé, en le portant, ce toast qui avait perdu une partie de l'à-propos, et que nous adressions à la bravoure, à la dignité de l'armée française, si étrangement compromise à l'étranger par les résolutions de trois ministères successifs.

« Français ! Français, disions-nous, où en sommes-nous, depuis huit mois écoulés comme un long jour de deuil pour les cœurs vraiment patriotes ? hier aider, secourir ou venger les peuples nos frères, était notre premier vœu, notre premier besoin, notre première résolution... Aujourd'hui, seulement le système de non-intervention... demain... on recule indigné devant cette dernière perspective !...

» Depuis les glorieuses fatigues des journées de juillet, la France accroupie, laisse tomber pièce à pièce sa pensée, comme un corps épuisé que la vie abandonne. Par un inconcevable relâchement de muscles, un de ses bras même est descendu jusqu'à terre. Et c'est le bras qui frappe aux portes des royaumes qui se permettent l'insulte, et se les fait ouvrir ; celui qui, quand il se lève, ébranle et les monts Pyrénées, et les Alpes, et les monts Ourals ; c'est le bras qui enlève sur les champs de bataille les canons de l'ennemi, pour les tordre en colonnes triomphales sur nos places publiques. C'est le bras, le bras qui porte l'épée... cette épée de fer, qui, mieux qu'au temps de Brennus, jetée dans la balance, ferait aujourd'hui le contrepoids de l'empire du monde.

» *Dieu est trop haut, et la France est trop loin!* » Ont répété en chœur, avec un peuple héroïque menacé d'un épouvantable naufrage, ont répété les aveugles et les timides du parti de la liberté en France, qui étaient bien aises de se prendre à quelque branche, pour ne pas laisser se noyer leur popularité tout entière.

« Incapables de hautes vues et de desseins à grande portée, ils ignorent sans doute que les Provinces Rhénanes et la Belgique pèsent sur la Russie ; la Savoie et les Hautes-Alpes sur l'Autriche ; que le cours libre de la Vistule, est dans les eaux du Rhin redevenues françaises. Qu'en tactique politique, comme en stratégie militaire, quand on ne peut enlever de front la position de l'ennemi, on la tourne ; quand on ne peut franchir une distance et saisir un ennemi corps à corps, on décrète un blocus continental.

» Ils ignorent ou feignent d'ignorer ces hommes timides, que trente millions de populations amies de la France, pèsent sur trente despotes grands et petits, qui se font les antagonistes de notre révolution. Que dans la balance des combats et des libertés de l'Europe, les Lamarque pèsent sur les Frimont, les Soult sur les Sabalkanski, les Lafayette sur les Czars ; que vingt autres grands citoyens et capitaines français encore inconnus de la renommée, compléteraient au besoin le poids de l'épée de Brennus, et pèseraient, en les écrasant, sur toutes ces demi-capacités des camps de l'étranger.

» Ils ignorent, que le deshonneur pèse sur les destinées des États, comme sur celles des individus, et les entraîne à une ruine inévitable. Que Dieu n'est trop haut, que quand les nations par lâcheté, ont cessé de le porter dans leur sein. Car quoi qu'en puissent dire tous les despotes et rois de droit divin, intéressés à providencer au milieu des hommes avec de pieux mensonges et de la fantasmagorie sacerdotale, il est de l'essence de la société humaine de se gouverner elle-même et de faire ses destinées.

» Français des barricades de juillet! le gothique édifice de l'Europe féodale, chancelait il y a huit mois, il est encore près de s'écrouler au seul bruit de nos pas. Nation indépendante et libre, songeons que du haut des donjons de leur captivité, quarante peuples nous attendent : c'est pour la France en armes sa campagne des Pyramides, et les témoins éternels de sa grandeur nouvelle ou d'un déshonneur ineffaçable.

» D'ailleurs, le cours du commerce français, écoulé, perdu sous les sables de la restauration, demande à entrer dans le nouveau lit que le soc de la révolution de juillet a commencé de lui creuser à travers le sol de l'Europe : il n'y a de salut que là pour tous les intérêts privés, comme pour toutes les gloires nationales.

» Partisans encore mal éclairés d'un gouvernement de Traitans et d'hommes d'affaires, songez au jour du péril, qui ne saurait être éloigné. Les banquiers de Carthage, pour combattre l'ennemi, achetaient leurs soldats à l'étranger, Rome enfantait les siens. Les Carthaginois de la Bourse de Paris, savent que le coffre-fort ne renferme pas une seule pièce de monnaie qui rachette et le sang et la vie. Eh bien, donc! qu'ils se se dévouent à la paix!

» Mais le cœur de la France bat sous le ceinturon que portent ses guerriers, comme sous le nœud fraternel qui embrasse ses Associations patriotiques et ses gardes nationales : la France est prête à reprendre le cours de toutes les gloires : mais égoïstes et impuissantes, vous ne la ferez jamais rebrousser aux sources de tous les mépris !

» Infamie des infamies diplomatiques ! ces prétendus hommes d'État, n'ont donc pas compris quel langage ils font tenir à notre France, et si forte et si grande, au milieu du cercle des nations ?

« Toi, Belgique ! que j'aime, je n'ose me déclarer
» ouvertement ton amie... Italie ! que mon honneur
» s'est engagé à défendre, je t'abandonne à la hache
» de tes bourreaux.... Angleterre ! toi, je tremble de
» ta politique.... Russie ! j'ai peur de tes armes....
» Toi, Pologne ! qui as versé tant de fois ton sang pour
» moi, je te laisse égorger, exterminer, écraser !!!...

» Un toast, un toast, Messieurs, à la bravoure et à la dignité de l'armée française, il en est temps !!! Toutes les mains guerrières, généreuses et indignées, éprouvent en ce moment, comme la nôtre, *Tribun du Peuple et de l'Armée*, l'insurmontable besoin de s'attacher, victorieuse, sur les champs de bataille, au bronze fumant du feu de l'étranger : les spirales de la colonne d'Austerlitz, demandent à reprendre leur route vers les cieux, la France à sortir de sa halte dans la boue.

» A la bravoure, à la dignité de l'Armée Française,

à l'union des Associations patriotiques et de l'Armée! »

*P. S.* Il est, comme vous voyez, M. de Chateaubriant, des temps, où, sous peine de manquer à son caractère de citoyen et à ses devoirs envers le pays, toutes les vérités doivent être dites, même les plus dures, aux hommes dont on apprécie d'ailleurs les immenses talens littéraires. C'est ce qu'a pensé devoir faire votre très-humble

G. Désjardins.

www.ingramcontent.com/pod-product-compliance
Ingram Content Group UK Ltd.
Pitfield, Milton Keynes, MK11 3LW, UK
UKHW021118290826
14628UKWH00014B/2653

9 782013 275767